NOUVELLES
Histoires
drôles

Texte original
Jeanne Olivier

Adaptation thématique
Paul Lacasse

Illustration de la couverture
Philippe Germain

EH **Héritage jeunesse**

Nouvelles Histoires drôles n° 99
Illustration de la couverture : Philippe Germain
© Les éditions Héritage inc. 2009
Tous droits réservés

Dépôts légaux : 3e trimestre 2009
Bibliothèque nationale du Québec
Bibliothèque nationale du Canada

ISBN : 978-2-7625-8977-1
Imprimé au Canada

Les éditions Héritage inc.
300, rue Arran
Saint-Lambert (Québec) J4R 1K5
Téléphone : (514) 875-0327
Télécopieur : (450) 672-5448
Courriel : information@editionsheritage.com

À tous ceux et celles qui aiment collectionner, écouter et raconter des blagues.

BLAGUES
À LA MAISON

Troisième partie

La prof : Comment ça, la Lune est habitée?

— Valérie : Mais oui, ma mère dit toujours à mon père qu'il est dans la lune.

•

Martine est au parc avec son amie Diane. Elles voient passer un nouvel élève qui vient d'arriver à l'école.

— Martine : Regarde, c'est la nouvelle. Elle est dans ma classe.

— Diane : Ah! oui? Mais pourquoi tu dis nouvelle? C'est un garçon.

— Martine : Pas du tout, voyons! Regarde comme il faut!

— Diane : C'est toi qui te trompes! Lui as-tu demandé son nom au moins?

— Martine : Non.

— Diane : Alors pourquoi tu es si sûre que c'est une fille?

— Martine : Bien, vois-tu, l'autre jour, elle est venue me voir et m'a demandé : «Quelle heure est-elle?»

•

Le prof : Geoffroy, tu iras en retenue après l'école.

— Geoffroy : Mais, monsieur, je n'ai rien fait !

— Le prof : C'est justement pour ça.

●

La grand-mère : Bonjour, ma petite Rosalie, tu reviens de l'école ?

— Rosalie : Oui, grand-maman.

— La grand-mère : Tu aimes ça ?

— Rosalie : Oui.

— La grand-mère : Et qu'est-ce que tu fais à l'école ?

— Rosalie : J'attends qu'on sorte.

●

La prof : Franchement, Sylvain, tu as fait pas mal de fautes dans ta dictée, tu devrais te forcer.

— Sylvain : Ben... si on ne faisait pas de fautes, à quoi serviraient les dictées ?

●

Gisèle, dit le professeur, peux-tu me nommer un jour de la semaine qui ne finit pas par di ?

Demain.

•

Le prof : Raoul, je te remets ton travail de recherche sur les dents. Tu vas recommencer. Tu as tout copié dans le dictionnaire et je n'accepte pas ça.

— Raoul : Mais, monsieur, comment pouvez-vous m'accuser, vous n'avez pas de preuve !

— Le prof : Ah oui ? Alors pourquoi à la fin de ton devoir est-ce écrit : voir canine, incisive, molaire ?

•

Le prof : N'oubliez pas que tous les oiseaux ont deux ailes.

— Virginie : Mais le rossignol, il n'a qu'un seul l, lui !

•

Antoine revient de l'école en pleurant.

Maman, je me suis fait battre par un grand!

Quoi! C'est inadmissible! Penses-tu pouvoir le reconnaître?

Je pense bien, j'ai son oreille dans ma poche...

●

Tom revient de l'école à dix heures le matin. Sa mère appelle tout de suite le directeur.

Pourquoi avez-vous renvoyé Tom à la maison si tôt?

Mais! Il nous a dit que son frère avait la varicelle! Vous comprenez que nous ne pouvons pas le garder à l'école.

Oui, je comprends. Juste une chose, cependant, son frère habite à Vancouver!

●

Le prof : Claude, combien pèse un éléphant de trois tonnes ?

— Claude : Euh...

— Le prof : Bon, je vais t'aider. Écoute bien : de quelle couleur était le cheval blanc de Napoléon ?

— Claude : Blanc.

— Le prof : Très bien ! Maintenant, combien pèse un éléphant de trois tonnes ?

— Claude : Blanc.

•

Suzanne : Aujourd'hui, à l'école, il y a eu un exercice de feu. Ça nous a pris seulement trois minutes pour sortir de l'école.

— La mère : C'est très bien ! La directrice devait être contente !

— Suzanne : Non, pas tellement. Elle a dit que quand la cloche sonne à 3 h 15, chaque jour, ça nous prend juste deux minutes à sortir...

•

Le prof : Je vais vous poser une devinette : c'est le fils de ma mère, mais ce n'est pas mon frère. Qui est-ce ? Personne ne répond.

— Le prof : C'est moi ! Vous essaierez de vous en souvenir pour la raconter à vos amis !

— Un peu plus tard, Jérôme rencontre son ami Normand.

— Jérôme : J'ai une super devinette à te poser : c'est le fils de ma mère, mais ce n'est pas mon frère. Qui est-ce ?

— Normand : Je donne ma langue au chat ! C'est qui ?

— Jérôme : C'est mon prof !

•

Le prof : André, tu as fait une faute, tu as mis deux « l » au mot « calendrier », il y en a un de trop, enlève-le.

— André : Lequel, le premier ou le deuxième ?

•

Le prof : Jean, peux-tu me nommer quatre membres de la famille des rats ?

— Jean : Maman rat, papa rat et deux bébés rats.

•

Le prof : Geneviève, peux-tu me donner une caractéristique du peuple japonais ?

— Geneviève : Eh bien... dès leur plus jeune âge, ils parlent tous parfaitement le japonais.

•

Émilie arrive à l'école avec un gros bandage sur la tête.

Mais qu'est-ce qui t'est arrivé ? lui demande sa copine Sarah.

Imagine-toi que j'ai été piquée par une guêpe.

Mais tu n'as pas besoin d'un si gros bandage pour une piqûre de guêpe ?

Non, mais mon frère l'a tuée avec son bâton de baseball...

•

Le prof: Qu'est-ce que tu dessines, Ariane?

— Ariane: Un chat.

— Le prof: Mais où est sa queue?

— Ariane: Elle est encore dans le crayon, je n'ai pas fini mon dessin!

•

Le prof: François, veux-tu me conjuguer le verbe voler au futur?

— François: Euh... j'irai en prison, tu iras en prison, il ira en prison...

•

Le prof: Judith, peux-tu compter jusqu'à dix?

— Judith: Un, deux, trois, quatre, cinq, six, sept, huit, euh... dix.

— Le prof: Oh! oh! Tu as oublié ton neuf.

— Judith: Non, je ne l'ai pas oublié, je l'ai mangé pour déjeuner!

•

La prof : Quand je dis j'étais belle, c'est l'imparfait. Si je dis je suis belle, qu'est-ce que c'est, Yannick ?

— Yannick : C'est un mensonge !

•

Henri avait un devoir à faire : Si un marcheur parcourt 4 kilomètres à l'heure, combien de temps lui faudra-t-il pour marcher 10 kilomètres ? Le lendemain, à l'école, le professeur demande à Henri pourquoi il n'a pas fait son devoir.

— Henri : Mais, monsieur, j'ai perdu ma calculatrice, alors ma sœur est encore en train de marcher !

•

La prof : Patrick, que font trois et trois ?

— Patrick : Match nul, mademoiselle !

•

C'est le retour à l'école après les grandes vacances. La prof : Et toi, ma belle, tu as passé de belles vacances ?

— L'élève : Oh oui ! C'était fantastique... tastique... tastique !

— La prof : Où es-tu allée ?

— L'élève : Visiter les Rocheuses... Rocheuses... Rocheuses.

— La prof : Dis donc, il devait y avoir beaucoup d'écho !

— L'élève : Oui ! Comment avez-vous deviné... viné... viné ?

●

Moi, mon prof a dit à ma mère que je n'écoutais jamais en classe.

Ouais, mon prof a dit la même chose à mon père.

Je ne sais vraiment pas pourquoi il a dit ça. En tout cas ! Toi, est-ce que ton prof t'a déjà dit ça ?

...

●

Victor est très tannant en classe. Un jour, la prof entend siffler au fond de la classe.

Victor, c'est encore toi qui siffles en travaillant ?

Non madame, moi, je ne fais que siffler.

•

Gabrielle : Est-ce que tu as étudié pour l'examen de français de ce matin ?

— Sandrine : Oui, ne t'inkiète pas pour moa, ça va être super fassil.

•

Le prof : Bastien, pourquoi as-tu de la ouate dans les oreilles ?

— Bastien : L'autre jour, vous m'avez dit que tout ce que vous disiez m'entrait par une oreille et sortait par l'autre. Ce matin j'essaie d'empêcher ça.

•

Maman, j'ai eu 100 dans mon bulletin !

Ah oui ?

Oui, 25 en français, 25 en maths, 25 en sciences naturelles et 25 en musique...

•

La prof : Mathieu, si j'ai sept pommes dans la main gauche et six pommes dans la main droite, qu'est-ce que j'ai ?

— Mathieu : De très, très grosses mains !

•

La prof : Maxime, pourquoi es-tu arrivé en retard ?

— Maxime : Excusez-moi, c'est parce que j'ai dormi trop longtemps.

— La prof : Quoi ? Tu dors aussi chez toi ?

•

Le prof : L'oxygène a été découvert en 1783.

— Philippe : Ah oui ? Qu'est-ce que les gens respiraient avant ?

•

Un prof a trouvé un système très ingénieux. Il y a sur son bureau des petits cadrans qui correspondent à chaque élève. Toutes les fois que l'un d'eux dit un mensonge, l'aiguille du cadran avance. Lors d'une journée portes ouvertes à l'école, madame Simoneau cherche le cadran de son fils.

Monsieur le prof, je n'arrive pas à trouver le cadran de Michel.

Ah ! il est juste à côté de moi !

À côté de vous ? C'est tout un honneur que vous faites à mon garçon !

Non, c'est juste que je m'en sers comme ventilateur.

•

Le prof : Comment pourrait-on diminuer le taux de pollution dans les écoles ? Quelqu'un a une idée ?

— Jérémie : On pourrait utiliser des crayons sans plomb !

•

La mère : Alors, Coralie, tu es bonne à l'école ?

— Coralie : Oh oui, maman ! Tellement bonne que mon prof a décidé de me garder l'année prochaine !

•

Laurelle, demande le professeur, combien y a-t-il de lettres dans l'alphabet ?

Il y en a 25.

Voyons, Laurelle, tu n'en oublies pas une ?

Non, 25. La lettre entre le P et le R est aux toilettes !

•

Le prof : As-tu fait ton devoir, Youssef ?

— Youssef : Non.

— Le prof : As-tu une bonne excuse au moins ?

— Youssef : Oui, c'est la faute de ma mère.

— Le prof : Comment ça ? Ta mère t'a empêché de faire tes devoirs ?

— Youssef : Non, mais elle ne m'a pas assez « chicané » pour que je les fasse !

•

Émilie : Vous dites que les fourmis sont des insectes qui sont toujours très occupés.

— Le prof : Oui, c'est vrai.

— Émilie : Alors, il y a quelque chose que je ne comprends pas. Si elles sont si occupées, pourquoi sont-elles toujours là quand on fait un pique-nique ?

•

Le prof: Antoine, si j'ai trois sandwichs dans mon sac à lunch et que je t'en donne trois, qu'est-ce qui me reste?

— Antoine: Des miettes de pain!

•

Le prof: Aurèle, es-tu le plus jeune de ta famille?

— Aurèle: Non, mon chien est plus jeune que moi.

•

Flore: Je pense que je vais avoir 100 % dans l'examen de français qu'on a fait ce matin.

— Lisa: Toi? Tu n'avais même pas étudié!

— Flore: Ouais, mais j'ai copié sur Toto Labretelle.

— Lisa: T'es folle! C'est le pire élève de la classe!

— Flore: Peut-être, mais Toto a tout copié sur Jasmine la «bollée»! Et elle, elle a toujours 100 %!

•

Le prof: Si je dis « La police a arrêté le voleur », où est le complément ?

— André : En prison ?

•

Le prof: Ce soir, il y aura une éclipse de Lune. Je vous suggère fortement de regarder ça.

— Violaine : C'est à quel poste ?

•

Annie : Je ne comprends pas ! Comment ça se fait que tes notes d'examen sont parfois très hautes et d'autres fois si basses !

— Caroline : Ce n'est pas si dur à comprendre. Tout est une question d'étude !

— Annie : Comment ça ?

— Caroline : Si la personne sur qui je copie a bien étudié, j'aurai de bonnes notes !

•

Le prof : Catherine, pourquoi les oiseaux s'envolent vers le sud à l'automne ?

— Catherine : Parce que c'est trop loin à pied !

●

Le prof : Les élèves, je ramasse les devoirs.

— Albert (tout bas) : Merci, Gabriel, de m'avoir laissé copier ton devoir. Un autre devoir manqué et le prof me coulait !

— Gabriel : Ouais, je n'aime pas bien ça. J'espère au moins que tu n'as pas tout copié mot à mot ?

— Albert : Tu peux être sûr que oui ! J'ai tout copié à la perfection ! Et quand je dis tout, c'est tout !

— Le prof : Albert, comment ça se fait que je n'ai pas ton devoir mais que j'en ai deux au nom de Gabriel Bujold ?

●

Jean-Philippe a un copain, Srdjan, qui a un peu de difficulté en français.

Regarde, Jean-Philippe, dit Srdjan, il y a un mouche sur le mur.

Ce n'est pas UN mouche, Srdjan, c'est UNE mouche.

Wow! Tu as de bons yeux!

•

Danielle et Jean-François courent à toute vitesse sur le trottoir:

Ah non! On va encore être en retard à l'école!

On serait mieux de se trouver une bonne excuse!

Je le sais! On pourrait dire qu'en sortant de la maison, on a vu un vaisseau spatial atterrir, que des êtres en sont sortis et qu'ils nous ont emmenés avec eux faire un tour dans une autre galaxie!

Eille! Le prof ne croira jamais ça!

Tu trouves que c'est trop exagéré?

Non, c'est ça que j'ai dit la dernière fois que j'ai été en retard!

•

Jérémie arrive à l'école avec une nouvelle montre.

C'est bien, dit le professeur, comme ça tu vas pouvoir être à l'heure à l'école!

Euh... Non, pas vraiment. Mais je vais savoir exactement de combien de minutes je suis en retard!

•

Monique revient de l'école.

Combien as-tu eu dans ta dictée aujourd'hui? lui demande sa mère.

Dix sur dix, maman! Le lendemain, à son retour de l'école, sa mère lui pose la même question.

Dix sur dix, répond encore Monique. Après une semaine de dictées parfaites, sa mère commence à avoir des doutes. Elle se procure donc un détecteur de mensonges et attend que Monique rentre de l'école.

Puis, lui demande sa mère, comment ç'a été, la dictée, aujourd'hui?

Dix sur dix, maman. «Bip!... Bip!... Bip!...» fait le détecteur.

Et toi, maman, combien avais-tu dans tes dictées, quand tu avais mon âge?

Moi? Dix sur dix, voyons! «Bip! Bip! Bip! Bip! Bip! Bip!»

•

Irène: Papa, j'ai presque eu 100 dans mon bulletin!

— Le père: Bravo, Irène!

— Irène: Oui, il manquait juste le 1 devant les deux zéros.

•

La prof: Denis, de qui descend l'homme?

— Denis: Du singe.

— La prof: Très bien. Et le singe, il descend de quoi?

— Denis: Ben... de l'arbre.

•

Marie : Je ne savais pas que notre école était hantée.

— Louise : Moi non plus. Et qui te l'a dit ?

— Marie : Tout le monde parlait de l'esprit qui animait notre école.

•

La prof : Annick, combien font 4 plus 3 ?

— Annick : Euh... 43 ?

•

Comment voyagent les abeilles pour aller à l'école ? En autobizzzz !

•

Le prof : Comment appelle-ton un homme qui tue son père ?

— L'élève : Un parricide.

— Le prof : Comment appelle-t-on un homme qui tue son frère ?

— L'élève : Un fraticide.

— Le prof : Comment appelle-t-on

un homme qui tue son beau-frère?

— L'élève : Un insecticide.

— Le prof : Hein ! Comment ça ?

— L'élève : Mais oui, parce qu'il tue l'époux (les poux) de sa sœur !

•

Le prof : Les élèves, je vous avertis ! Si vous voulez être riches, fermez-vous la trappe !

— Les élèves : Pourquoi ?

— Le prof : Parce que le silence est d'or !

•

Le prof : Thomas, tu ne m'écoutes pas !

— Thomas : Oui, oui, je vous écoute.

— Le prof : Alors pourquoi tu bâilles ?

— Thomas : C'est justement parce que je vous écoute !

•

Le prof : Je vous donne une demi-heure pour me faire une petite composition dont le sujet est : «Qu'est-ce que je ferais si j'étais millionnaire. » Tous les élèves se mettent immédiatement au travail. Sara, elle, s'assoit au fond de sa chaise, regarde dehors en rêvassant. Quand le temps est écoulé, le prof ramasse les travaux.

Voyons, Sara ! Tout le monde a eu le temps d'écrire au moins une page et toi tu n'as absolument rien fait !

Ben, si j'étais millionnaire, c'est ça que je ferais !

•

La prof : Quelle est la moitié de 8 ?

— Patricia : Verticalement ou horizontalement ?

— La prof : Qu'est-ce que tu veux dire ?

— Patricia : Ben, horizontalement, c'est o. Et verticalement, c'est 3 !

•

François arrive à l'école, l'air complètement découragé.

Qu'est-ce qui se passe, François? lui demande son professeur.

C'est ma chienne. Elle a eu des bébés cette nuit.

Mais tu avais l'air si content hier, quand tu nous disais que vous alliez avoir des petits chiots! Ça ne te fait pas plaisir?

Non. Moi, je voulais avoir un berger allemand, et elle a eu rien que des caniches!

•

Demain, c'est notre examen de français, et ça me stresse! Je n'arrête pas d'y penser.

Ah oui? Moi, je n'y ai pas pensé une fois!

Hein? Pas une fois?

Non. En fait, j'y ai pensé 8 432 fois!

•

La prof : Qu'est-ce qu'une fourmi ?

— Geneviève : C'est quelque chose qui arrive toujours en quantité industrielle chaque fois qu'on s'installe pour faire un pique-nique.

•

La prof : Est-ce que ça vous arrive d'aider vos parents à la maison ?

— L'élève : Oui. Moi, j'ai aidé ma mère à faire la cuisine hier soir.

— La prof : C'est très bien ça ! Qu'est-ce que tu as fait ?

— L'élève : Eh bien, ma mère, elle, a coupé les oignons, et moi, j'ai pleuré !

•

Le prof : Voyons, Martin ! Tu es en train de lire ton livre à l'envers !

— Martin : Pas mal, hein ? À l'endroit, il n'y a plus de défi, tout le monde sait faire ça !

•

Le prof : Qu'est-ce que tu fais avec tout ce fromage sur ton ordinateur ?

— Bastien : Ben... hier, vous avez dit qu'on travaillerait avec une souris.

●

La prof : Quel âge as-tu eu à ton dernier anniversaire ?

— Judith : 8 ans.

— La prof : Et quel âge auras-tu à ton prochain anniversaire ?

— Judith : 10 ans.

— La prof : Voyons, Judith, c'est impossible !

— Judith : C'est très possible. J'ai eu 9 ans aujourd'hui !

●

Le prof : Votre fils a tout pour devenir médecin.

— La mère : Comment ça ?

— Le prof : Personne n'est capable de lire ce qu'il écrit !

●

Le prof : Je vous conseille fortement de faire de la natation. C'est le meilleur exercice pour conserver votre taille mince.

— Un élève : Comme les baleines, monsieur ?

•

Le prof : Un plus un font deux, deux plus deux font quatre. Que font quatre plus quatre ?

— Hamed : Ce n'est pas juste, monsieur, vous répondez aux questions faciles et vous nous laissez les difficiles !

•

Le prof : Vous savez que les ordinateurs sont de plus en plus perfectionnés. Maintenant, un bon ordinateur peut faire la moitié du travail d'une personne à lui tout seul !

— Maroun : Ah oui ? Dans ce cas-là, dès demain, j'achète deux ordinateurs !

•

Philippe: Je suis très heureux, maman, que tu m'appelles Phil.

— Maman: Pourquoi dis-tu ça?

— Phil: C'est qu'à l'école, tout le monde m'appelle Phil.

•

Un enfant est en train de lire dans sa chambre. Ses parents remarquent que sa lumière s'ouvre et se ferme à intervalles réguliers.

Pourquoi éteins-tu la lumière à tout bout de champ? demande la mère.

Ça, c'est quand je tourne les pages. Mon prof nous a dit de toujours penser à économiser l'énergie.

•

Maman, j'ai eu 100 % à l'école aujourd'hui!

Bravo! Dans quelle matière réussis-tu aussi bien?

Bien, j'ai eu 50 % en français et 50 % en maths.

•

Le prof : As-tu bien étudié ta leçon de biologie, Roxane ?

— Roxane : Oui.

— Le prof : Alors parle-moi de l'origine des animaux.

— Roxane : Très bien. D'abord, l'homme descend du singe. Ensuite, le porc-épic descend du cactus et le ver de terre descend de l'élastique !

•

Youssef, demande son prof, veux-tu savoir combien de fautes tu as faites dans ton examen de français ?

Oui.

17 fautes !

Ouf !

Et veux-tu connaître le nombre de fautes dans ton examen de maths ?

Euh... oui.

Je pense que tu peux tout de suite dire deux fois « ouf » !

•

La prof : Avez-vous déjà vu des poussins sortir de leur coquille?

— Nicole : Oui, mais moi ce qui m'intrigue, c'est de savoir comment ils font pour rentrer dedans sans la briser !

•

Comment as-tu trouvé les questions de l'examen?

Les questions? Aucun problème! C'est avec les réponses que j'ai eu pas mal plus de difficultés!

•

Le prof : Qu'est-ce que tu veux faire quand tu seras grand, Francis?

— Francis : Je veux être ambulancier.

— Le prof : Pour sauver les malades? C'est très bien ça !

— Francis : Non, non! Moi je veux être ambulancier pour pouvoir passer sur les feux rouges.

•

Le prof : Répétez après moi. Je chante.

— Les élèves : Je chante.

— Le prof : Tu chantes.

— Les élèves : Tu chantes.

— Le prof : Il chante.

— Les élèves : Il chante.

— Le prof : Nous chantons.

— Les élèves : Nous chantons.

— Le prof : Nadine ! Sors de la lune ! Répète donc ce qui vient de se dire !

— Nadine : Oui, madame. Toute la classe va entrer dans une chorale !

•

Le prof : Raoul, pourquoi les insectes ont-ils des antennes sur la tête ?

— Raoul : C'est pour mieux capter la télévision !

•

Dans la cour de récréation :
J'adore l'école !
Moi aussi. Surtout l'été !

•

— Maman, je vais jouer du piano.

— As-tu bien lavé tes mains ?

— Ce n'est pas nécessaire, maman, je vais juste jouer sur les notes noires !

•

Trois sœurs ont un examen de français dans l'avant-midi. Mais la veille, elles ont regardé la télévision toute la soirée au lieu d'étudier. Alors elles ont peur d'être punies si elles coulent leur examen. Elles décident donc de ne pas en parler à leurs parents. La plus vieille a une idée :

On n'a qu'à inventer un code. Notre examen est sur 10. Quand on viendra dîner, on aura juste à se dire allô autant de fois que notre note. Les voilà donc qui arrivent à la maison à l'heure du dîner. La première dit à ses sœurs :

Allô ! Allô ! Allô ! Allô ! Allô ! La deuxième réplique, piteusement :

Allô ! Allô ! Allô ! All... Et la troisième, l'air désespéré :

Salut les filles...

•

Le prof: 25 ¢ plus 25 ¢, combien ça fait?

— Élise : Ça fait deux gommes bal-
lounes!

•

Deux profs discutent.

Qu'est-ce que tu fais comme sortie avec tes élèves cette année?

Je les emmène tous à la Ronde. Et toi?

On va tous à la montagne.

À la montagne? Pourquoi?

C'est le seul endroit où je suis sûr d'avoir la paix! Dans le cours de sciences naturelles, je leur ai bien expliqué que le bruit pouvait causer de graves avalanches!

•

J'ai toujours été premier en classe.

Toi? Ah bien, ça m'étonne beau-coup!

Oui, oui! À 7 h, 7 h 15, j'étais toujours là!

•

As-tu déjà remarqué qu'à l'école, c'est toujours quand tu n'as pas de mouchoir avec toi que ton nez se met à couler?!

•

Jérémie arrive de l'école en pleurant :

Maman, tout le monde me dit que j'ai une grosse tête !

Mais non, mon petit. Oublie ça et va me chercher 10 kilos de pommes de terre dans ta casquette !

•

Toute la classe de Félix va visiter le musée.

— La prof : Félix, sais-tu à qui appartient ce crâne ?

— Félix : C'est celui du roi François Ier.

— La prof : Très bien ! Et le petit, juste à côté ?

— Félix : Celui-là ? Euh... Je crois que c'est le crâne de François Ier quand il était petit.

•

La prof : Qu'est-ce qu'un maringouin ?

— Ève : C'est quelque chose que Noé aurait dû oublier d'emmener dans son arche !

•

Peux-tu me faire une phrase avec les mots poisson et rouge ?

Euh... Mon poisson rouge adore son aquarium.

Non ! Je m'en « fish » ben « red » !

•

Deux copines reviennent de l'école.

Qu'est-ce qu'on pourrait faire cet après-midi ? demande l'une d'elles.

Tiens ! On va jouer à pile ou face ! Si c'est pile, c'est toi qui décides à quoi on joue, et si c'est face, c'est moi qui décide.

Bonne idée ! Et si la pièce tombe sur le côté et reste debout, on rentre chez nous et on fait nos devoirs.

•

La prof: Émile, est-ce que parking est en français ou en anglais?

— Émile: Ni l'un ni l'autre, madame. C'est en asphalte!

•

Élaine a regardé la télévision toute la soirée et elle n'a pas fait son devoir. Mais elle n'ose pas le dire à son professeur.

— Le prof: Élaine, as-tu fait ton devoir?

— Élaine: Euh... non.

— Le prof: Pourquoi?

— Élaine: Parce que... je ne pouvais pas.

— Le prof: Ah bon. Et pourquoi donc?

— Élaine: Euh... j'étais malade.

— Le prof: Ah oui? Et de quoi souffrais-tu?

— Élaine: Euh... d'allergie.

— Le prof: D'allergie à quoi?

— Élaine: Euh... à la mine de crayon!

•

Gaston : Maman, connais-tu la différence entre un crayon et mon professeur ?

— La mère : Non.

— Gaston : Mon crayon, lui, il a bonne mine !

•

La prof : Quelle est la chose qu'il ne faut absolument pas oublier d'emporter quand on va dans le désert ?

— Mohamed : Une porte de voiture.

— La prof : Mais pourquoi ?

— Mohamed : Pour pouvoir ouvrir la fenêtre si on a chaud.

•

Le prof : Martin, connais-tu la différence entre le soleil et ton devoir de maths ?

— Martin : Non.

— Le prof : Le soleil est un astre, et ton devoir est un désastre !

•

C'est le jour de la rentrée scolaire pour Simon, qui commence sa quatrième année. Le professeur donne à chaque élève un petit questionnaire à remplir.

— Le prof : Simon, franchement ! Les vacances sont finies, tu sais. Il faudrait que tu sortes de la lune !

— Simon : Pourquoi dites-vous ça ?

— Le prof : À la question « Nom des parents », tu as répondu « Papa et maman » !

•

Le père : Regarde cette fontaine. On peut y jeter des pièces de monnaie en faisant un vœu. Allez, essaie !

— Didier : D'accord. Alors je souhaite très fort que 7 fois 8 égale 48.

— Le père : Mais pourquoi ?

— Didier : Ça va m'empêcher de couler mon examen d'hier...

•

Le père : Qu'est-ce que tu as appris à l'école aujourd'hui ?

— Ariane : J'ai appris à écrire.

— Le père : Et qu'est-ce que tu as écrit ?

— Ariane : Je ne sais pas, je n'ai pas encore appris à lire !

•

Qu'est-ce qui est orange à l'extérieur et vert à l'intérieur ?

— Un autobus scolaire rempli de grenouilles !

•

Sébastien : Sais-tu que Carl et Daniel se sont battus cet après-midi dans la cour d'école ?

— Jean : Quoi ? Mais je croyais qu'ils étaient inséparables !

— Sébastien : Justement, on a dû se mettre à trois pour les séparer !

•

L'élève : Je ne comprends pas ce problème-là !

— Le prof : Mais voyons ! Un enfant de six ans le comprendrait !

— L'élève : Ah ! C'est pour ça ! J'ai dix ans !

•

Trois garçons arrivent en retard à l'école.

— Le prof : Peux-tu m'expliquer ton retard ?

— Pierre : J'ai lancé des roches dans la rivière.

— Le prof : Et toi, pourquoi es-tu en retard ?

— Jean : J'ai lancé des roches dans la rivière.

— Le prof : Très original. Et toi, je suppose que tu as aussi lancé des roches dans la rivière ?

— Jacques : Non. C'est moi Desroches.

•

Rémi a décidé de ne pas aller à l'école ce matin. Il attend que ses parents soient partis, puis il appelle le directeur.

École du Mai, bonjour!

Bonjour! dit Rémi en prenant une grosse voix. J'appelle pour vous aviser que Rémi sera absent aujourd'hui.

C'est noté. Qui parle, s'il vous plaît?

C'est mon père.

•

Karine: J'ai un problème et je ne sais pas quoi faire.

— Jasmine: Raconte-moi ça.

— Karine: C'est que ma maîtresse me demande d'écrire plus lisiblement.

— Jasmine: Oui, et où est le problème?

— Karine: Mais si j'écris plus lisiblement, elle va s'apercevoir que je fais des fautes!

•

Le prof : Félix, donne-moi trois bonnes raisons de dire que la Terre est ronde.

— Félix : Maman l'a dit, papa l'a dit et vous l'avez dit aussi.

•

Que dit la maman grenouille à son petit qui a pris beaucoup trop de temps pour rentrer à la maison après l'école ?

— Dis donc, têtard ! (t'es tard)

•

Pendant toute la nuit, le verglas a recouvert la ville. Le lendemain matin, Thierry rencontre son professeur sur le chemin de l'école.

Bonjour, Thierry ! Les trottoirs sont plutôt glissants ce matin, n'est-ce pas ? Il faut marcher avec prudence !

Ah oui ? Moi je trouve qu'il faut plutôt marcher avec des bottes à crampons !

•

À l'école, deux copines font leurs devoirs ensemble.

Dis donc, Jessica, est-ce que ta calculatrice marche ?

Oui.

Ah oui ? Alors attache-la comme il faut !

•

Le prof : Qui peut me dire quels sont les cinq sens ?

— Jules : Moi ! Moi !

— Le prof : Je t'écoute, Jules, dis-le-moi.

— Jules : Le moi.

•

Francis : Sais-tu que je suis capable de faire une chose que personne d'autre dans l'école ne peut faire, même pas les professeurs ?

— Élaine : Ah oui ! Quoi donc ?

— Francis : Lire mon écriture.

•

Audrey, demande le professeur, combien font trois plus quatre?

Huit.

Mais voyons, Audrey! Moi j'ai toujours cru que trois plus quatre font sept, ma belle!

Eh oui, mais que voulez-vous, madame, tout augmente!

•

Le prof : Tom, sais-tu comment écrire le mot hiéroglyphe?

— Tom : Oui, avec un crayon!

•

En revenant du travail, madame Auger trouve son fils assis sur le chien.

Mais veux-tu bien me dire ce que tu fais là?!

C'est parce que mon prof nous a demandé de faire une composition sur l'animal de la maison.

•

Le premier jour d'école, à la campagne, le professeur pose des questions à ses élèves pour les connaître un peu.

Et toi, quel est le métier de ton père ?

Il est berger, il garde les moutons.

Et comment t'appelles-tu ?

Robè-è-è-è-è-ert.

•

Le prof : Quel mot signifie parler tout seul ?

— Amélie : Monologue.

— Le prof : Très bien, Amélie ! Et que dit-on quand deux personnes parlent ensemble ?

— Amélie : C'est un dialogue.

— Le prof : Parfait ! Maintenant, quand quatre personnes parlent ensemble, de quoi s'agit-il ?

— Amélie : Euh... je ne sais pas.

— Jean-Philippe : Moi je le sais ! C'est un catalogue ! (quatalogue)

•

Une jeune fille apporte une bouée de sauvetage à un examen. Son professeur lui demande pourquoi.

Comme ça, je suis sûre de ne pas couler!

•

Alexandre: Hier soir, pendant que je faisais mes devoirs, je m'imaginais que j'allais couler mon examen, puis que j'allais être obligé de refaire mon année avec le même professeur, les mêmes devoirs, les mêmes exercices, les mêmes examens...

— Joëlle: Et qu'est-ce que tu as fait?

— Alexandre: J'ai arrêté d'imaginer!

•

Quelle est la personne qui connaît le plus de secrets à l'école?

Je ne sais pas.

La SECRETaire!

•

Qu'est-ce qui est blanc quand il est sale et noir quand il est propre ?
— Un tableau noir !

●

La prof : J'ai l'impression que personne ne m'écoute dans cette classe !
— Antoine : Quoi ?

●

Au cours de morale :
Aujourd'hui, dit le prof, on va parler du pardon, du partage et de l'amour qu'on doit avoir pour tous. Vous savez, quand on désire quelque chose, il faut être capable d'en souhaiter cent fois plus à son pire ennemi. Noémie, pense à quelqu'un que tu n'aimes pas beaucoup et fais un souhait.

J'aimerais avoir 100 sur 100 dans un examen.

C'est très bien, dit le prof. Et toi, Chloé ?

Moi, je souhaite avoir une toute petite indigestion !

●

Pendant le cours de français, André est complètement dans la lune. Il pense aux prochaines vacances d'été. La maîtresse s'en aperçoit et lui pose une question, histoire de le réveiller un peu :

André, qu'est-ce qu'il faut mettre au bout d'une ligne ?

Euh... un hameçon et un ver de terre !

•

Madame Dagenais organise une exposition de dessins dans sa classe. Luc fait un petit point au milieu de sa feuille et va le montrer à sa maîtresse.

Tu as déjà fini ? Que représente ton dessin ?

Une vache qui mange de l'herbe.

Mais où sont la vache et l'herbe ?

Comme elle a tout mangé, je ne vois vraiment pas pourquoi elle resterait là !

•

Victor, demande le professeur, fais-moi une phrase avec poisson.

D'accord : Dans cette soupe, les pois sont très bons!

●

Quelle est la lettre préférée des écoliers?

Je ne sais pas.

La lettre V.

Pourquoi?

Parce qu'elle est au début des vacances!

●

Martin, dit la prof, fais-moi donc une phrase en utilisant le mot carotte.

Oui, répond Martin. La carotte est un légume qui pousse dans la terre.

C'est très bien! Patricia, veux-tu me faire une phrase avec persil?

D'accord. Mais est-ce que je peux demander à mon père si je ne sais pas quoi dire? (père si)

●

Deux copains discutent :

Comment te débrouilles-tu en mathématiques ?

Bof... je coule. Et toi ?

Moi, je flotte, mais je n'en ai plus pour longtemps !

•

Papa ?

Oui, Marie-Pierre ?

Aujourd'hui, à l'école, j'ai eu une punition parce que j'ai refusé de dénoncer quelqu'un.

Et tu as été punie pour ça ? Tu sais, je trouve que tu as eu raison. Je t'appuie dans ta décision. Mais qu'est-ce que ton prof voulait que tu lui dises au juste ?

Qui a tué Jules César.

•

Bryan : Aimes-tu dormir ?

— Édith : Seulement quand je suis à l'école !

•

La classe de Marianne est en visite à la ferme. Les enfants regardent une vache qui prend de l'eau à l'abreuvoir. Elle boit, et boit, et boit! Au bout de cinq minutes, Marianne, plutôt étonnée, dit à son professeur:

C'est quand même étonnant que les vaches donnent du lait, non?

•

Le prof de musique est un amoureux de Jean-Sébastien Bach. Il demande un jour à ses élèves:

Qui peut me dire ce qui s'est passé en 1685?

Moi, je le sais, dit Marilyne. C'est l'année de la naissance de Jean-Sébastien Bach.

Bravo! Et quel grand événement musical est arrivé en 1700?

Euh… répond Marilyne, qui réfléchit, Bach a eu 15 ans?

•

La prof : Où es-tu né, Rodrigo ?

— Rodrigo : Je suis né en Amérique centrale.

— La prof : Oui, mais quelle partie ?

— Rodrigo : Comment, quelle partie ? Je suis né au complet en Amérique centrale !

•

Sais-tu pourquoi les usines n'arrêtent pas de construire de nouveaux ordinateurs pour les écoles ?

Non.

Parce qu'elles ne peuvent pas en construire de vieux !

•

La prof : Quel est le contraire de parfait ?

— Henri : Je le sais !

— La prof : Oui ?

— Henri : C'est tiafrap !

•

L'élève : Saviez-vous que les enfants sont beaucoup plus intelligents que les adultes?

— Le prof: Non, je ne savais pas!

— L'élève : Vous voyez ce que je veux dire!

•

Les élèves sont de retour à l'école après une tempête de neige.

Vous êtes bien chanceux! dit la prof. Une belle journée de congé pour jouer dehors. J'espère que vous en avez bien profité!

Oh oui! répond Laurent. Et j'ai demandé au ciel de nous envoyer encore plus de neige!

•

La prof: Stéphanie, j'aimerais que tu me conjugues le verbe marcher.

— Stéphanie : Je marche. Tu marches. Il marche. Nous courons. Vous trébuchez. Ils tombent.

•

Pauline : Qu'est-ce qui est le plus fatigué après une journée d'école ?

— Gilberto : Je ne sais pas.

— Pauline : Le crayon !

•

Maman, tout le monde à l'école me dit que j'ai l'air fou !

Mais non, mais non. Ferme tes trois petits yeux et dors !

•

Papa, aujourd'hui, à l'école, on a parlé d'un écrivain qui n'a jamais eu soif !

Qui ça ?

Jean de La Fontaine !

•

Le prof : Pourquoi les triangles ont trois côtés ?

— Simon : Parce que s'ils en avaient quatre, ça serait des carrés !

•

Pourquoi ton professeur porte toujours des verres fumés?

Parce qu'on est trop brillants!

•

Dans la classe, tout le monde a remis son travail sur les animaux de la ferme.

— La prof: C'est bien, Janie. Mais tu as écrit : « Les chevals passent la journée dans l'enclos.» Tu sais qu'on ne dit pas «les chevals». Alors corrige ta phrase, s'il te plaît.

— Janie : Euh… c'est vrai que je me suis trompée… J'aurais dû écrire : « Les vaches passent la journée dans l'enclos»!

•

Le prof: Qui peut me dire pourquoi il y a des journées de pluie?

— Liette: Moi!

— Le prof: Oui, je t'écoute.

— Liette : C'est pour donner des jours de congé au soleil!

•

Le prof : Je vous souhaite une belle fin de semaine.

— Les élèves : À vous aussi, professeur !

— Le prof : Et tâchez de revenir lundi matin avec toute votre concentration !

— Les élèves : Vous aussi, professeur !

•

Deux profs discutent :

Pourquoi apportes-tu un fer en classe ?

C'est pour éviter que mes élèves ne prennent des mauvais plis !

•

Le prof : Noémie, peux-tu me nommer une grande réalisation des dix dernières années dans notre ville ?

— Noémie : Oui, moi !

•

À la cafétéria, Maude a oublié de prendre un verre d'eau. Elle voudrait bien aller en chercher un mais elle a peur de laisser sa soupe sans surveillance. Elle décide donc d'écrire « J'ai craché dedans » sur un bout de papier, qu'elle dépose près du bol, pour être certaine que personne n'y goûte. Quand elle revient avec son verre d'eau, elle trouve un autre papier où c'est écrit : « Moi aussi ! »

•

Au cours d'histoire de la nature :
Quelle est la plante la plus utile pour l'être humain ? demande la prof.
La plante des pieds !

•

Papa cannibale : Est-ce que je suis en retard pour le souper ?
Maman cannibale : Mais oui, j'ai fini tout le monde.

•

Au début de l'année, le prof demande à une élève :

Quel est ton nom ?

Paméla.

Bon ! Mais si ce n'est pas Méla, qu'est-ce que c'est ?

•

Le prof : À l'avenir, j'aimerais que vous écriviez sur vos devoirs de mathématiques votre nom, le numéro de votre classe, la page et le numéro de l'exercice.

— L'élève : Fiou ! Voulez-vous qu'on colle un timbre aussi ?

•

Au cours de sciences naturelles :

Aujourd'hui, dit le prof, nous allons parler du gorille. Et pour que tout le monde comprenne bien de quoi je parle, regardez-moi très attentivement...

•

Le prof : Qui est le père de la fille de monsieur Tremblay ?

— L'élève : Euh...

— Le prof : Monsieur Tremblay !

•

Rémi : Comment écrit-on « nouille » ?

— Le prof : N-o-u-i-l-l-e.

— Rémi : Merci.

— Le prof : Mais pourquoi me demandes-tu ça ? Je vous ai demandé un travail sur la ville où se trouve la statue de la Liberté !

— Rémi : Justement, je vais pouvoir écrire Nouille York sans faute ! (New York)

•

Le père : Comment se fait-il que tes notes en histoire soient aussi basses ?

— Le fils : Papa, ce n'est pas ma faute ! Le professeur nous enseigne juste des choses qui sont arrivées bien avant que je sois au monde !

•

Le professeur demande à ses élèves d'écrire un texte de 100 mots sur leur animal préféré. Guylaine se concentre, ferme les yeux, réfléchit longuement puis écrit : « L'autre jour, mon chat s'est sauvé de la maison. Je suis sortie, inquiète, et j'ai crié : Minou ! Minou ! Minou ! Minou ! Minou ! Minou ! Minou ! Minou !... »

•

Le prof : Votre garçon est très original !
— Le père : Ah oui ? Merci !
— Le prof : Oui, il trouve chaque jour une nouvelle bêtise à faire !

•

La classe de Joëlle visite une ferme. Un des élèves demande au fermier :
Mais que faites-vous donc ?
Je mets du fumier sur mes fraises, mon petit.
C'est plutôt étonnant ! Moi, je mets du sucre !

•

Sébastien revient de l'école le pantalon déchiré et la jambe ensanglantée.

Mais que t'est-il arrivé, mon chéri? s'exclame sa mère.

C'est le chien à côté de l'école qui m'a mordu.

Mais as-tu mis quelque chose sur ta jambe?

Non, le chien l'a trouvée très bonne comme ça.

●

Une dame appelle à l'école un matin de grosse tempête :

Je suis très inquiète! Je voudrais savoir si mon fils est bien arrivé à l'école.

Bien sûr, lui répond la secrétaire. Dites-moi le nom de son professeur, s'il vous plaît.

Il n'a pas de professeur! Mon fils est le chauffeur d'autobus!

●

La fille : Mon prof devrait changer de métier.

— La mère : Que devrait-elle faire ?

— La fille : Travailler dans une agence de voyages.

— La mère : Pourquoi ?

— La fille : Parce qu'elle envoie toujours promener les élèves !

•

C'est le prof qui demande au petit Osman : Si un kilo de bœuf coûte six dollars, combien en achèterais-tu pour deux dollars ?

— Le petit Osman de répondre : Zéro kilo.

— Mais comment ça, zéro kilo ? de dire le prof.

— Le petit Osman : Parce que si j'avais vraiment deux dollars, ce n'est pas du bœuf mais du chocolat que j'achèterais !

•

Le père : Qu'as-tu appris à l'école aujourd'hui ?

— La fille : Que les choses se contractent au froid et se dilatent à la chaleur.

— Le père : As-tu un exemple ?

— La fille : Bien sûr. C'est pour cette raison que les jours sont bien plus longs en été qu'en hiver !

•

Un prof d'éducation physique explique à ses élèves qu'au siècle dernier, les jeunes étaient beaucoup plus en forme qu'aujourd'hui. Par exemple, il n'était pas rare de voir un étudiant traverser trois fois la rivière des Prairies pour se mettre en forme avant de commencer sa journée d'école ! Le prof remarque alors un élève qui parle au fond de la classe.

Cher ami, lui dit le prof, je suis certain que ce que tu racontes à ton voisin est très intéressant. Tu devrais nous faire part de cette conversation !

D'accord! Je disais seulement que l'élève qui traversait trois fois la rivière, eh bien il se retrouvait du côté opposé à son sac d'école!

●

Le fils d'un bandit revient de l'école:

Comment ça s'est passé, aujourd'hui? lui demande son père.

On a eu un examen oral.

Tu as bien réussi?

Oh oui, papa! Ils m'ont posé des questions pendant une demi-heure et je n'ai rien dit!

●

Le père: Vous savez, il faut que vous travailliez encore plus fort à l'école.

— Les enfants: Mais pourquoi papa?

— Le père: Parce que sinon, vous ne pourrez pas aider vos enfants à faire leurs devoirs!

●

L'élève : Pourquoi le directeur de l'école n'a presque pas de cheveux ?

— Le professeur : Parce qu'il est très intelligent et qu'il réfléchit beaucoup !

— L'élève : Et pourquoi en avez-vous autant ?

— Le prof : Tais-toi et travaille !

•

Deux amis parlent d'un autre garçon de leur classe :

Je ne sais pas ce qu'il fait pour être aussi imbécile, mais c'est très efficace !

•

La mère : Si je ne me trompe pas, tu avais un gros examen ce matin ?

— La fille : Oui.

— La mère : Alors, tu te sens mieux ?

— La fille : Oh oui, je me sens mieux ! La maîtresse était absente aujourd'hui !

•

Bianca : Aujourd'hui, maman, toute la classe est allée visiter le Vieux-Montréal.

— La mère : As-tu vu des choses intéressantes ?

— Bianca : Oh oui ! Dans une boutique, j'ai vu une affiche qui disait « Antiquités fabriquées sur mesure » !

•

Dimitri a un examen oral de biologie.

Peux-tu me nommer une chose qui provoque des tremblements chez l'être humain ?

Heu... cette question !

•

Le père : La météo ne prévoit pas de tempête de neige pour demain. Tu vas devoir aller à l'école !

— Le fils : Oui, mais papa, est-ce que le temps est obligé de faire ce que dit la télévision ?

•

Le prof : Je veux que vous fassiez signer votre bulletin par vos parents.

— L'élève : C'est impossible.

— Le prof : On pourrait savoir pourquoi ?

— L'élève : Eh bien, mon père a été très malade, et le médecin lui a interdit les émotions trop fortes !

•

La fille : Maman, aujourd'hui, dans ma classe, quatre nouvelles élèves sont arrivées.

— La mère : Quatre d'un coup ?

— La fille : Oui, ce sont des quadru-plées. Et sais-tu comment elles s'appellent ?

— La mère : Non.

— La fille : Cœur, Carreau, Trèfle et ?

— La mère : Pique ?

— La fille : Pas du tout ! Elle s'appelle Josée.

•

Un petit garçon est assis sur un de ses amis pour l'empêcher de se relever.

Que se passe-t-il? demande la surveillante de la récréation.

Il m'a donné un coup de poing dans l'œil, se plaint le garçon.

Et tu le lui as rendu? veut savoir la surveillante.

Non, madame.

Ah bon! Tu ne lui as pas rendu son coup de poing? s'étonne la dame.

Non. Ma mère veut que je compte jusqu'à cent avant de me mettre en colère.

Et pourquoi empêches-tu ton copain de se relever?

Je veux qu'il soit encore là quand j'aurai fini de compter!

•

Le prof: Qu'ont en commun un corbeau et un roseau?

— L'élève: Les trois dernières lettres...

•

C'est la petite fille qui revient de l'école :

Vraiment, maman, mon professeur est incompétent.

Pourquoi dis-tu ça ?

Elle change d'idée tout le temps ! Hier, elle nous a dit que douze, c'était six fois deux. Et puis aujourd'hui, elle nous annonce que douze, c'est trois fois quatre !

•

Le directeur reçoit dans son bureau deux élèves qui se sont battus dans la cour de récréation.

Victor, est-ce que c'est vrai que tu as cassé une raquette de badminton sur la tête de Gilberto ?

Oui, mais je n'ai pas fait exprès !

Ah, il me semblait bien ! Tu ne voulais pas faire mal à Gilberto ?

Non, je ne voulais pas briser la raquette !

•

La fille : Aujourd'hui, le professeur nous a donné une composition à faire.

— Le père : Quel en était le sujet ?

— La fille : « Ce que je ferais si j'étais le directeur de l'école. »

— Le père : Et qu'as-tu écrit ?

— La fille : « Premièrement, si j'étais le directeur de l'école, je ne serais pas en train de faire cette composition ! »

●

La prof : Mohamed, que font 13 livres x 46 livres + 10 livres - 7 livres ?

— Mohamed : Une grosse bibliothèque !

●

Chez l'optométriste :

Avec ces nouveaux verres, tu vas pouvoir lire parfaitement !

Voulez-vous dire que je n'aurai plus besoin d'aller à l'école ?

●

Au moment de se mettre au lit, Maude couvre sa mère de baisers.

Tu es bien affectueuse, ce soir, ma chérie, s'étonne sa mère.

C'est parce que j'aimerais attraper ton rhume pour ne pas aller à l'école demain!

●

La maman : Tu as toujours de très bons résultats à l'école. Je te félicite!

— Le fils : Merci, maman!

— La maman : Ça veut donc dire que tu travailles fort à la maison et que tu étudies bien?

— Le fils : Pas autant que mon voisin de classe, sur qui je copie tous mes examens!

●

Deux copines discutent :

Ma mère espère que l'école va m'apporter plein de choses importantes.

Comme quoi?

Comme la discipline, la confiance en moi, l'amour des autres, le plaisir d'apprendre et l'amour du brocoli...

●

Monsieur Dubois travaille dans son bureau. Juste à côté, dans la salle de jeux, ses enfants font un bruit d'enfer. Monsieur Dubois n'en peut plus et, en colère, ouvre la porte et crie:

— C'est assez! Qui est-ce qui crie aussi fort? Et ses enfants répondent en chœur:

— C'est toi, papa!

●

Deux copains discutent sur le chemin de l'école:

Hier, un cambrioleur est venu chez nous. Il a tout volé sauf les serviettes, les débarbouillettes, le shampoing et les savons!

Ah! Le sale voleur!

●

Achevé d'imprimer en novembre 2009 sur les presses de
Payette & Simms inc. à Saint-Lambert (Québec)